九階のオバケと
ラジオと
文学

今井 楓

よはく舎

目次

言葉に溺れてしまいそう

これまでずっと霧の中にいるように、もやがかかっていた自意識が、急に言語化されてあらゆる言葉が身体に降ってくるようになった。どこかに吐き出さないと溺れてしまいそうで、油断して人に話しては、なんでこんなに訳のわからないことを喋ってしまったんだろうと後悔する。

ヴァージニア・ウルフのエッセイ『病気になるということ』を読んだ。百年ほど前、世界的にインフルエンザが流行した際に書かれたもので、ウルフ自身、何度もインフルエンザに罹患したらしい。当時の状況が現代のコロナ禍と重なるということで、最近改めて話題になった。

体調が悪くなるとこのエッセイのことを思い出す。先月熱を出して寝込んだ時にも読み返していた。

病気になった人を「横臥者」と捉え、「横臥者だからこそ感受できることがあるのでは」と綴られたそのエッセイは、とてもじゃないけど病気にかかりながら使える脳のキャパを超えていて、ウルフの凄さを弱った体に叩きつけられる。三十九度の体温じゃ何かを感受するどころか食事を摂ることさえままならない。ウルフはインフルエンザの治療のために歯を三本抜いたらしい（当時は抜歯でインフルエンザが治ると考えられていた）。高熱を出して歯を抜かれて、踏んだり蹴ったりの状況ではこんな文章、思いつけない。病気になってもこんなに力強い言葉を残すウルフの感受性には一生かかっても及ばない気がする。

ここ数年、「弱いものこそ、かっこいい」と思っている。完璧な個体など存在せず、どこかに弱さがあり、その弱さを自覚して受け入れた人間は勇敢で、物理を超越した強さがある。

自分自身はどうかと問われると、中途半端に立ち止まったまま宙ぶらりんになっている。自分のままならなさを認識しながらも受け入れられず、弱さを人に打ち明けられるほどの勇気もない。自分が他者から受け入れられないことへの不安が拭えない。ひとりは嫌だけど、平気な顔をしていたい。見栄を張ってしまう。他者と自分は違う、でも全く干渉し合わない生活なんて、ちょっと味気ない気がする。というか普通に寂しい。ただ寂しい、それに尽きるのかもしれない。ほどよく受け入れたり、受け入れられたりしたい。でも他者が関わる以上は自分勝手に決められることじゃないし、じゃあどうすればいいの？

毎晩そんなことを考えては、睡眠導入剤に脳を強制終了される。診察の時は「強くも弱くもない薬だから」と説明されたけど、薬剤師は「これ、結構強いですけど効かなかった感じですか？」と言っていた。医者に親切な嘘をつかれていたのだと気づく。強制終了しないと一生おかしな頭が働き続けちゃうから、寝られないと鬱が再発しそうだから、とりあえず寝られるようにしてください、もう合法ならなんでもいいです。五年前に発症した鬱病に今でも生活を振り回されている。あと何年すれば自分の力で眠れるようになるんだろう。

どうせこんなに弱いなら、横臥者としての視点を持ってウルフに近づけるくらいの感受性を得たい。こんなに弱いなら、弱いから、弱さを受け入れさえすれば。でもまだ、そんな勇気がない。

年齢とともに弱さを受け入れられるようになるのか、なにか雷に打たれるような経験をしないとこの意識に革命が起きないのか、自分では全くわからない。頭をトンカチで思い切り叩けばバチン！と何かがハマるんだろうか。だったらひと思いに殴ってくれ。もし、このまま言葉が私の身体に降り続けるのだとしたら、そのうち吐き出しきれなくなって溺れてしまうんじゃないか。

溺れたら、私の自意識はどこに行ってしまうのだろう。

九階のオバケとラジオと文学

最終出勤は、十二月三〇日、早朝の生放送だった。午前五時から始まる生放送のスタジオ入り時間は午前二時四〇分。前日の昼過ぎから会社に行って泊まりで放送の準備をする。

泊まり勤務は、前日の深夜番組とシフトがかぶる。放送終わり、九階の喫煙所で深夜番組のプロデューサーに声をかけられた。「俺さ、今度本を出すんだよね」。入社前から名前を知っていた先輩社員だった。

ラジオディレクターはオバケを作っている。目に見えない、触れることもできない電波をどこかへ飛ばしている。もしこの音が誰にも聴かれていなかったら、本当にオバケだよな、と思いながら担当番組の感想をXで探す。

よかった、今回はちゃんと届いてた。毎週同じことを繰り返してしまう。

「やりたいことはやれたので」「辞めるなら今かなーって」「英語の勉強とかしてみようと思って」。辞める理由を聞かれてもうまく答えられなかった。特に理由なんてなかった。全部に疲れてしまった。これ以上頑張ることができなくなってしまった。どんなに引き留められても、一度できないと思ってしまったから答えは変わらなかった。会社を辞めると決めた時、母に電話をした。申し訳なかった。泣いてしまった。

本か、いいな。形に残るんですね。私も、本書きたいんですよ、でも。

毎日オバケを作っていたら、いつからか言葉を形に残したいと、思うようになってしまった。

今の自分の立場なら、番組本？　雑誌に番組が紹介されて名前が載る？

もちろん可能性がないわけじゃないけど、なんだかものすごい遠回りをしているように思えて途方に暮れた。会社員だから、今日までラジオ番組を作っていたのに明日からは全く違う部署に行くことだって考えられる。ずっと同じ番組を担当すると思っていたデスクの先輩は寂しがる暇もなく人事部に異動していった。ラジオ制作の中でも担当番組は部署ごとに違うし、希望すれば好きな番組に行ける、というわけではない。二十四時間止まらない放送の中で、本になるほど人気が出る番組ってどれくらい？　その時、自分の名前が出る立場である可能性は？　自分の言葉が取り上げられる可能性は？　学生時代から細々と続けてきたnoteを読み返して、自分の若さにヒヤヒヤしながら、間違いなく自分の書いた言葉だと認識できるこの不思議さに少し嬉しくなって、でも新しい文章は書けなかった。

私に本なんて書けないよ。だって私が今まで読んできた本は、どれも命を削って書かれているような気がするんだ。ヘッセも、ソローも、オーウェルも、削った命を読んだ私が受け取って、生き延びているんだ。谷崎潤一郎はデビュー作『刺青』から完成された文章で美しくて惚れ惚れしちゃう。一番最初に読んで、今でも一番好きな谷崎作品。谷崎潤一郎は作風ごとに語り口を変えてくる。随筆と思ったら小説だったりして、百年以上前に書かれた作品に翻弄される自分が面白くなっちゃう。「谷崎って悩みとかなさそうだよね」とかよく話したりするけど、実際のところはわからない。本当に悩みがなかったとしても、命を削って書いていたに違いない。あんなにたくさんの美しい文章を残していて、その一文一文から谷崎の命を感じるから。私にそんなことできるのかな。こんなに弱い私にも、削る命が残っているんだろうか。

春になったら死ぬんだと思っていた。明るい陽気に負けてしまって、眩しくて、魔法みたいに消えちゃう気がした。会社を辞めて三ヶ月間は何も考えずにたくさんの人と会った。Tinder に自分の本棚とその時読み進めている本の写真を載せて、本好きの人とたくさん会った。Instagramを交換した二人とは今でも仲良し。就職先が見つかるまで、と言われて引き受けたラジオの仕事も増えていった。気がついたら一年半も生き延びていた。

春を生き延びて、下北沢の本屋B&Bで見かけたあの先輩の名前にドキッとして、本を手に取ることができなかった。先輩は名前や言葉を形に残した。ラジオディレクターという肩書きのまま、それをやり遂げた。生き延びてしまったのなら、私にも。

春はあっという間に過ぎてしまった。気がついたら夏になっていた。先輩と同じ苗字の人に文学のラジオ番組の話を持ちかけた。話すのが苦手なのに「今井さんと二人なら」と言われ、実は嫌々パーソナリティになったのは、身内だけが知っていたこと。夏に特別番組「BOOK READING CLUB」を放送して、それを踏まえて十月からレギュラー番組へ。ラジオ番組の立ち上げにしてはかなりスムーズだった。不本意ながらも「パーソナリティ」になって、毎週のように本を読み込む習慣がついた。それまでただ自分の世界に閉じ込めていた文学のことを、話し言葉で、修正のできない会話で、外に出すことになった。一年ほど番組を続けて、やっぱり私は話すことが得意ではないと思ってしまう。それでも楽しいと思えるようになってきたのは、聴いてくれている人がいるからで、どこの誰かもわからないラジオ番組の、オバケの、裏側に隠れていた私の言葉に耳を傾けてくれて、共感したり、反発したりしながら一緒に話せている気がするから。でもやっぱり、私は、これを書き残したいとも思ってしまいました。

それが全部の始まり。本を楽しみ、文学をもっと好きになっていく。

ソローと手を繋いでスキップを

「今井さんがスキップするところを見てみたいです」

思わずスキップしてしまうくらい、浮かれた言葉をかけてくれるならいいよ。

私は「賢い」って言われるのが一番嬉しい、努力が認められた気がするじゃん。「いい人だね」って、いい人であることを求められている気がしてなんかちょっと素直に受け取れないよね。「かわいい」って言われてもさ、それは好みの問題じゃん。ってかそもそも、誰に言われるかだよね。

褒められてもいないくせに、偉そうなやつめ。

大学三年生の頃、ヘンリー・デイヴィッド・ソロー『Walden（森の生活）』を毎日のように読んでいた。ゼミ室の廊下に置いてある椅子からイチョウの葉が散るのを視界の端にとらえて本を開くと、なんともいえない「学生気分」

を味わうことができた。イチョウは昔の医学部生が植えたらしい。勉強ができる上に、あの狭いキャンパスを彩ろうという発想があるなんて、なんて賢いんだろう。

『Walden』に、こんな一節がある。

“Things do not change; we change.”（物事は変わらない、私たちが変わるのだ）

自分自身のことは意志があれば変えられる。それは外部化された瞬間に自分ではコントロールが効かなくなる。時間は戻せないし、一人だけで進むこともできない。周りが変わったことに喜んでも落ち込んでも、それは自分が勝手に期待しているからで、期待するだけ痛い目を見るのは自分自身。

その感覚を言語化して捉えた最初の瞬間は、ソローの言葉によってもたらされた。

この言葉は良くも悪くも捉え方次第で解釈が大きく変わる。ソローはそれも分かっていて、だから文をセミコロンで区切ったんじゃない？　そんなことを考えてもソローはもう死んでいるし、だったら都合よく解釈させてもらおうと自分勝手に考える。応答することのないソローの言葉に期待を寄せる。

寝起きの低血圧でふらついて机の角に足をぶつけて「痛い」とつぶやいてもその声は壁に吸い込まれていくだけでどこにも届かない。期待されるほど何かを求められるような社会性もない自分に嘆くだけで、怠惰な生活から抜け出せない。どんなに本を読んでも足りないところばかりに目が向いてしまう。勉強するほど自分がいかにできない奴かを思い知らされて本を閉じ、諦めきれなくてまた本を読む。もう十年以上もこんなことをしているのに賢くなりそうな気配はない。

長い目で見て良い選択をしたつもりでも、それは今の自分を苦しめていて、あーもうなんで東京のクソ高い家賃払ってこんなに必死にならないと生きていけないんだよ。フリーランスは自由で稼げるよねとか言われてうるせーな、目の前ばっかり見ていたらこうなっちゃったんだよ。自分で変化することを選んだくせにそんな文句を垂れ流して「カルシウム取れよ」と口に押し込まれたニボシは苦くてあまり好きな味じゃなかった。

結局、褒められたい、ということは「誰かに自分を見ていてほしい」という、自分で自分を評価できない奴の言い訳なんだ。外部に変化を依存してしまう自分を見つける。でも、もうなんでもいいから褒められたい。どんなに強がっていても、根底にある弱さを誤魔化しきれない。他人からの言葉がないと、自分を支えることすらままならない。ソローのように森の中たったひとりで生活を営むなんて、私には寂しくてできない。

人の見た目をどうこう言うなとか主張しているくせに、好きな人には寝起きの浮腫んだ顔でも「かわいい」って言われたい。「センスいいね」「それ、かっこいいじゃん」「感受性が豊かだよね」「そんなこと知ってるなんてすごい」、いくらでも言われたい。尊敬する人に「よくできた」と褒められたい。

でも本当は、自分の頭で何かを成し遂げたい。その結果を評価されたい。何かを見つけ、それを成果として残したい。今より少しでも強くなれるのなら、自分で自分を評価できるほどの、目を見開くような発見をしたい。

自分より賢い人ばかりの世界の中で、一つでいいから、自分しか知らない事実を見たい。そんなものを見つけてしまったら、褒め言葉なんてなくても、一晩中渋谷の街をスキップするよ。

偶然と必然の交差する場所で

人は誰かに花を選ぶ時、どんなことを考えるのだろう。

お祝いや送別品みたいな「とりあえず花買っておくか」というシチュエーションは以外で誰かに花を買ったことがない。何かの節目で自分が貰う側になると、渡されたその瞬間から、特別な意味を持った人間になる。その日偶然手渡された花によって、たった四十分の帰り道の間だけは主人公になれる。まるでそう決まっていたかのように、浮き足だってしまう。

J・D・サリンジャー『ライ麦畑でつかまえて』を読んで「これは自分の話だ」「ホールデン・コールフィールドは自分のことだ」と、世界で何千万人が思っただろう。その本を手に取ったのは偶然で、サリンジャーが自分に宛てた物語を書くはずなんてない。ニューヨークを歩いたこともないのに、家出なんて、ナンパなんて、ライ麦畑で子どもを捕まえる妄想なんて、これまでしたことがないのに。そんなことは分かっているけれど、必然性を感じたくなる。

全てのことは偶然に起きていて、雨は私の悲しみのために降っているわけじゃない。そうは分かっていても、心のどこかで期待してしまう。自分は特別で、君の横に私がいるのは必然で、ねぇそうだよね？　君なら分かってくれるよね？　ってか私の話ちゃんと聞いてる？　そんなことばかり。

三木三奈『アイスネルワイゼン』（文藝春秋）の主人公・琴音は「崖っぷち」の生活を送っていた。彼女を高所の隅まで追いやったのは、一体なにか。それは彼女自身が抱える他者と自己の境界の曖昧さにあるのではないか。他者に自己を投影し、他者として認識しきれない琴音の甘さはいたたまれなく、かわいそうだった。

もし、ホールデン・コールフィールドがその崖にいたら。彼は琴音のような大人を見て「チェッ」と思いながらも、なんだかんだで手を差し伸べてしまうんじゃないだろうか。

強い自意識を持つホールデンもまた、琴音と同じように他者への期待を大きく持っている、そんな気がしてならない。多くの人がホールデンの青さに自己を投影したように、琴音が恋人の元へ旅立ったあの日のように。偶然を期待してしまうし、必然であって欲しいと願ってしまう。

三日もすれば萎れてしまい、ごみの日に回収されて知らないところで燃やされる。それでも花を渡すのは「あなたを想って選んだ」その過程を形で表すためなのかもしれない。偶然選ばれたその花に必然性を感じてしまう。偶然と必然が交差する場所、そこにあるのは落胆か、喜びか。

全く違う自意識を持った他者の好みなんて、理解し得るはずがない。それでも可能な限り想像し、その過程に生まれる喜びを見つけたい。好みの色じゃなくても、なんか形が好きじゃなくても、偶然選んだその花は君を特別にできるんじゃない？

ねぇ、これくらいの期待は、してもいいかな。

ホールデンが両手を広げてこちらに向いているのを妄想する。
偶然選んだ花に、必然的な煌めきを感じたい。私が花をあげるとしたら、
何を考えて選ぶだろう。

一九八四年、存在しない愛の話

三度目のため息をスマホが青く照らしている。

柴田元幸『僕の恋、僕の傘』（KADOKAWA）を読んでいた。青森のブック・カフェバー、ボヘミ庵で売られていた愛にまつわる短編集は二百円、店のコーヒーより安い。傷ついた愛の物語を隣のため息がリアルに演出している。君のため息はこのため？　そんなわけないか。

これまで一番多く再読し、文学にのめり込むきっかけになった一冊が、高校時代に出会ったジョージ・オーウェル『Nineteen Eighty-Four』。原著、翻訳、新訳、出版社や翻訳者ごとに変わる言葉を噛み締めていると飽きることがない。私はこれを超える文章に出会ったことがない。

オーウェルを読んだことがない人には早川書房から出ている新訳版

『一九八四年』（高橋和久訳）を勧めることにしている。この中でウィンストンとジュリアが交わした「愛してる」は原著では“I love you”と書かれている。二人は真っ直ぐに愛を確かめ合っていた、ように読める。しかしこの、言葉で交わされた愛は本物だったのか。ウィンストンの視点からしか語られないその世界の中で、ジュリアは本当にウィンストンを愛していたのか。そんなこと、ジュリア以外の誰にわかるというのか。そもそも“I love you”が『Nineteen Eighty-Four』の世界でどのような意味を持っていたのか、考えたことはあるか。

歯医者の受付で言われた「ちょっとお待たせしちゃいます」のちょっとが二十分だったことに苛立っていた。彼女の「ちょっと」と私の「ちょっと」には十七分のズレがあるらしい。はじめから知っていれば本を開いたのに。口をゆすぐ水がいつもより染みた気がする。

どれだけ英語が話せても、日本語で同じように伝えられないことに小さく苛立つ。どうして同じ言葉がないんだろう。同じ言葉があったとして、それは私の伝えたい意味で伝わるんだろうか。私の世界で作られた言葉は私の中でしか成立していないんじゃないか。ＳＦアニメみたいに自分だけがミクロの世界に放り出された気がして酷い孤独を感じる。私の意識は、匂いは、この言葉は、他の人の世界にも存在しているのだろうか。

ため息の理由は聞けなかった。ならば代わりに幸せそうな顔を引き出したい。それが君にとって本当の幸せかどうか、私には分からないけれど。そもそも私の姿が君の目に映っているかなんて確証はないんだけど。でも、全部が作り物だとしても、その顔を見られる私は幸せなはずだから。自分の目に映る人たちを幸せにしたい、心からそう思う。

私が本当にそう思っているかどうか、君たちに知る術はないけどね。

自転車を漕ぐ背中の

自転車で坂道を下るときの、サーッという音が好き。自分の身に受ける風が音になっている感じがする。

段差を乗り上げたときにチェーンが外れ、鈍い音を立てて自転車が動かなくなった。カラカラとタイヤの回転が止まる。当たり前のように連続していた動きが、ほんの数センチの段差で壊れてしまった。

junaida『の』（福音館書店）は大人にも手に取ってほしい絵本の一つ。junaidaさんの細やかで目を惹く絵と、助詞「の」で繋がれた物語は日本語でしか表現できない美しさが詰まっている。「の」一文字で少女のコートのポケットの中からさまざまな世界を行き来し、繋がって、物語はループする。『の』の女の子のように、好きに世界を行き来できたらどんなに自由なんだろう。頭のスイッチを入れて私も、いますぐ、ポケットの中のお城へ飛べればいいのに。

現実は買い間違えた電球で薄暗くなってしまった、狭いリビングに崩れた本が見えるだけ。本当はまだ本を置きたいのに、いつになったら広い家に住めるようになるんだろう。隙間風で冷え切った木造の部屋ではヘアオイルが凍る。毛布をかぶって洗い物をする。朝はドライヤーの風で身体を温める。ため息じゃない、これは深呼吸。

青森へ旅行した時に、大学時代の先輩と再会した。

「どう？　フリーランスってやっぱ稼げる？」と聞かれたので素直に「いや、全然だよ」と答えたら「ださ」と言われた。は？　意味わかんな。

でもこの言葉に反発できるくらい、私は自分の仕事に誇りを持っているということだろうか。わからないけれど、楽しいとは思ってる。それだけで十分なのに、どうして他人の「ださ」という一言を気にしてしまうんだろう。その一言が気に掛かって、現実から抜け出せない。

回転寿司、注文のタッチパネルは私の手元にない。

「ねぇ、穴子が食べたい。注文してよ」

こちらを見つめる顔が口角を上げる。

なんで笑うの？

「いや、なんか嬉しそうだったから（笑）」

ポケットの中の世界には飛べない。それでも私の生活の中で感情が繋がり、ループする。

その笑顔の、細くなった瞳の中の、私の、笑顔。

変容する明日を追いかけて

高校時代の同級生は、四年ぶりに会っても変わらない気がした。

変わらないのは「気がする」だけで、実際はみんな変わっている。見た目も少しずつ変わったし、一人称や話し方、服装の好みもこんな感じじゃなかった。私自身は高校時代から八キロほど減量している。小さいこども一人分の体積が減っても、私であり続けることが不思議で仕方ない。みんなが少しずつ変わっていく中で、十年前と同じように戯れ合えるのは、それぞれ同じくらいの変容をしたからだろうか。

家で育てている観葉植物が、知らない間に大きくなっていた。気が向いた時に水をやっていただけなのに、時間の経過とともに葉を増やし、背を伸ばし、変容していた。伸びる音なんてしなかったのに、動いているところなんて見たことがないのに、気がついたらすっかり違う見た目になっている。

セシリア・ワトソン『セミコロン かくも控えめであまりにもやっかいな句読点』（左右社）は、英語話者でも使いこなすことが難しい「;（セミコロン）」がいかにして生まれ、どのように使われてきたかを歴史上の原文とともに紹介している。昔はこのセミコロンの解釈をめぐって論争なんかも起きたらしい。翻訳をする時にも頭を悩ませるこのセミコロンがなぜ必要だったのか、なぜ今まで残っているのか、そしてこの記号を操ることができる人間とは……と多岐に渡ってセミコロンについて書かれている。インクの滲みみたいなこのささやかな記号一つで本が一冊出来上がる。セミコロン、とんでもなくやっかいな奴だ。

形は変わらないのに意味が変容していくこの不思議な記号は、何のために存在しているのだろう。なぜ、解釈が変わり続けているんだろう。変容し続ける人間の手によって、不可避的に意味を変えられてしまうこの記号がかわいそうに思えた。

池袋で再会した同級生たち。相変わらず荷物が多い、椅子の座り方も高校時代と一緒。あれ、メイクそんな感じだったっけ？　目元のグラデーションが綺麗で見入ってしまう。キラキラのネイルしてるの、初めて見たよ。

「パーマかけたら、木みたいになった」

どっちかって言うと森みたいだな、新緑だなぁ春だなぁ、などと思いながら、見た目以外は特に変わっていないことに安心して、今日が終わる。目が覚めた時の自分が、周囲が、どのように変容するのかわからないから、どうしようもなく不安になる。変容し続ける日々を恐れながら、止めることができない。どうせ嫌でも今夜は眠ってしまって、気がついたら明日になっていて、知らず知らずのうちにぼんやりと形を変えながら生きていく。

新芽が出ていた；観葉植物に陽が当たる。

マリー・キュリーにはなれない

寂しい。ずっと寂しさが付き纏っている。「寂しい」というのは恥ずかしい感情だと思っていた。でも、恥ずかしくても、認めたくなくても、どうしようもなく寂しい。

少し前、ラジオの生放送で「人生には何もない」と発言した。人生には何もない。いいも悪いもない。ただそこにあるだけ。

だとしたら、なぜこんなに浮き沈みがあるんだろう。おかしくないか？何もないなら、浮きも沈みもしないじゃないか。悲しくなることも、寂しくなることも、ないはずじゃないか。

読書で仲良くなった、十歳年上の友人がいる。

「誠実さってなんだろうね。」「好きかどうかとか正直わからなかったりするし、そもそも好きって何かわからないんだ。」「多分寂しいんだよね。」「でもね、恋人ってさ、いつも一緒にいたいとかじゃないんだけど、なにかして寂しさを埋めて欲しいわけでもないんだけど、でも友達とも家族とも違う、特別なつながりがあるっていう安心感がある気がする。」「そういうの、あるよね。」

共感し合える話題だと思ってなかったから驚いた。君にもそんな感情があるなんて、知らなかったよ。でも、そうだよね。一緒で、ほっとした。

「人生には何もない」なんて間違っていた。間違っていたと、ようやくわかった。さっきの友人だけじゃない。話を聞くよ、何があったの、今から会おう、近所に行くよ、そんな日もあるよ、大丈夫だよ、心配ないよ、その人たちみんなを「何もない」にしてしまうなんて、どれほど暴力的なことをしてしまったんだろう。注文の遅いファミレスでイラつくことも、カフェで並んでいる学生の会話にヒヤヒヤするのも、人の発言に一喜一憂してしまうことも、話し合いがまとまらないのも、戦争が一向に止まないことも、ビルから人が身を投げるのも、理由があるはずで、それは「何もない」とは程遠い複雑な「何か」があるはずなのに。

自分の寂しさを直視できず、無意識に埋めようとしてきた。仕事や遊びを完璧にこなすことで、承認欲求を満たしていた。遊びは人の都合もあるから、特に仕事は手っ取り早かった。深夜まで作業して、受けられる仕事はなんでも受けて、必要とされる人になりたかった。食事が適当になっても、体調が悪くても、好きだった人と自分から離れて泣いた翌日も、仕事はずっと私を求めてくれている気がした。忙しくしていれば傷ついたことを思い出す暇を作れなかった。仕事が苦じゃない自分は、無敵だと思っていた。

社会人七年目になってようやく気がついた。こんな生活、破綻している。

自分よりも忙しくしている人、多く働いている人、より成果を上げている人を横目に「自分だってもっとできるはずだ」と思いたいけれど、体が追いつかない。どう頑張っても同じ量をこなすことができない。どんなに悔しくても仕方がない。

子どもの頃、マリー・キュリーが好きだった。日本人学校の図書室でキュリーの伝記を一番読んだのは私だと思う。男性科学者ばかりの時代に活躍して、史上初めてノーベル物理学賞と科学賞の両方を受賞した女性。研究熱心で寝る間も惜しみ、灯油代を節約するために椅子を自分の上に乗せた重さで暖をとっていたらしい。亡くなったのは白血病で、その原因は放射線の実験を繰り返していたためとも言われている。キュリーやエジソン、ジャンヌダルクみたいに、世界を変えてしまえるほどの人は、現代に存在するのだろうか。身を削ってまで何かを成し遂げられるほどの自信も体力も、私にはなくて、どんなに悔しがっても現実を変えることはできない。目を腫らしたまま、時間だけが過ぎていく。

寂しい。もうこれは、デフォルトなんだ。生まれた時の設定。他の人がどうかは私には測ることができないけれど、少なくとも私は寂しさを標準装備して生きている。

前に一度、坂口恭平さんに電話をかけたことがある。坂口さんは「いのっちの電話」という、死にたい人なら誰でも電話ができる、という取り組みをしていて、ＳＮＳに電話番号が公開されている。正確に言うと一度ではなく何度かやり取りをして、合わせて七回の通話履歴が残っている。「君は完璧主義すぎるんだよ。器用に生きていけるわけないじゃん。人生なんてデコボコだよ。」「なんで人には優しくできるのに自分をそんなにいじめるの？　いじめは良くないって、知ってるでしょ？」

あの時、坂口さんに言われた言葉が、最近ようやく理解でき始めた気がした。人生は波がある。自分一人の世界ではないんだから、どんなに気をつけていても、何かは起こる。抗うことはできない。坂口さんの意図とあっているかはわからないけれど、自分のためにフライパンで肉を焼いた。一緒に食べようとしたパンは焦がしてしまった。安い豚肉と真っ黒のパンを洗ったばかりのお皿にのせて、食べた。すごく、美味しかった。

器用に生きていけないことも、人を傷つけてしまうことも、自分が傷つくことも、できるだけないほうがいい。でも、少しの引っ掛かりで簡単に躓いてしまうことも認めなくちゃいけない。きっとこの先も似たようなことを何度も繰り返してしまう。起きてしまうことなんだ。そこからどう立ち回るか、どうやって挽回するのか、そこに人生の物語があるんじゃないか。生きていくことは辛いけれど、本当に苦しいんだけど、それでも煌めいて見える瞬間があるのは、「何かある」から。

本当は、寂しくなりたくなんてない。でも認めるしかないんだと思う。私は寂しい。

夕方六時ごろ、ベッドで横になっていた。窓を開けると、隣の家に夕陽が反射していた。綺麗だった。

サニーデイ・サービスと月曜のＤＭ

「友達からの重めの相談は自分を大物に見せるチャンス」

ピースでラブリーな日曜日、笑いながらYouTubeを観ていた。霜降り明星、粗品さんのチャンネルで上がっていた「クソ倫理観あるある」という動画だった。「ちょっと分かるわぁ」「え、それは普通に失礼じゃない？」「これはあの子なら共感しそう」。明日になったら忘れてるんだろうなぁ、とか思ってたけど、忘れられなくなってしまった。

いつも通り気だるい月曜日。仕事終わり、インスタにＤＭ。何とびっくり「重めの相談」。そんなことある？　「大物チャンスじゃん」と思ってしまったので返信を「一日待ってください」にした。

身体が仕事に慣れてきた火曜日。一日待ってもクソ倫理観が頭からいなくならなくて、ＤＭには返信できなかった。こんな気持ちで返事しちゃまずいよなあ、ダメすぎるなあ、どうしよう。倫理用語集でも読むか？

文学＝本、と捉える人も多いかもしれないけど、もう少し広く定義できる気がする、と私は思っている。前に「お笑いコンビのランジャタイは、カフカだ」と言っている国語の先生に出会ったことがあるから、そういう考え方もありなんだと思う。私は hip-hop も文学的だなと思うし、都築響一『ヒップホップの詩人たち』（新潮社）は本棚の一番いいところにしまってある。もちろん本屋さんでの棚のジャンルは違うかもしれないけど、受け手が文学の概念を感じたら、それは文学なんじゃない？　と考えている。

シャワーを浴びていた水曜日の夜、ＤＭの返信をどうしようかと思いながらお湯を被っていたら、サニーデイ・サービス「おみやげを持って」が頭でループしはじめた。この曲、短歌作ってる時にめちゃくちゃ聴いてたなぁ。歌詞に花が出てくるんだけど、花を特別扱いしてなくて、生活の中に溶け込んでて、すごく好き。サニーデイの歌詞って、生活で見える景色や感情を文学的に言葉に置き換えてる気がする。何度聴いても飽きないし、ライブに行くと音源とは全く違うアレンジで酔わせてくれるし、文字で読むと再発見がある。これってめちゃくちゃ文学じゃん。

《お花屋さんにかわいいブーケ
1500円はまあまあ高い
でも枯れてなくなるものも素敵なの？
そんなふうにいつか思えるのかな》

ブーケ、もらったことないかも。何でもない日にこそ、もらってみたいよなあ。「おみやげ」って言って渡されたら私、どんな顔して喜んじゃうんだろう。私なら何をおみやげにするかなあ、なんかくだらない人形でも買ってあきれた笑顔が見てみたいけど、本当に喜ばせるってなるとなんだか重くなっちゃうよなぁ。「おみやげ」って、ちょうどいいなぁ。

自分以外のだれかの喜ぶ顔を思い浮かべて、その笑顔を見たいという自分のエゴを認めながらもちゃんと相手を幸せにしているサニーデイの歌詞をなぞっていたら、クソ倫理観が薄まっていった。今のうちに、DMを返そう。

あなたへの返事は、私の本心だよ。私はやっぱりあなたが楽しそうにしている顔が好きだから。私が、その顔を好きだから。私が、幸せだから。あなたが苦しんでも、大変でも、泣いていても、私の人生はそんなに変わらないかもしれないけど、でもやっぱりそんなところを想像したくない。美味しいものを美味しく食べてほしい。できたら、会った時に「あの時大変だったよ」と笑っていてほしい。わがままなのは分かってるけど。

思い出してくれてありがとう。

私は、家でお茶を入れるときに、よくあなたの顔と声を思い出します。

《こんがらがったこの街も

もっと自由に》

私は君を殴らないよ、悪いけど。

「ダサいことすんな」

弱いところは愛おしい。かっこ悪くてもいい。でも、ダサいことするやつがどうしても許せない。どうでもいい嘘、詰めの甘い言い訳。堂々としているか、頭を使って隠し通すかしろよ。何のための脳みそで、君は何のために勉強してきたわけ？　生き抜くためでしょ？　じゃあもったいぶらずに使えよ、その頭。

同時に自分のダサさも目の当たりにして引っ叩きたくなる。心に決めた一言も声が震えて上手く言えない。言いたい事が溢れていいところで終われない。見栄を張った言葉しか出てこない。

茨木のり子の詩はダサい自分をストレートパンチでぶん殴ってくれる。私が一番読み返している詩は「自分の感受性くらい」。気を失いそうなくらい真っ直ぐな言葉。

そもそも感受性って何だっけ。意味はわかるけど、自分の感受性ってどこにある？　何を感受してる？っていうかちゃんと、機能してる？　茨木のり子は感受性を「守れ」と言っていた。感受性は育てるものだと思っていたけど、守るものでもあるらしい。じゃあ、どうやって？

自分の心を乾かさないこと。目先の消費ではなく、本当に自分自身の心を満たすもの。そして、疲れていてもできる事。部屋の電気を落として音楽を流す。何もしない。その何もしない時間が自分に水をやる。そう信じて何もしない。大丈夫、この時間は私の感受性を守っているはずだから。

アメリカの哲学者リチャード・ローティの考え方で「バザールとクラブ」という対比がある。いわゆるパブリックな場であるバザールに対して、クラブは発言の自由度が高く、心理的安全が担保されている。クラブは複数あってもよい、と話に聞いた。確かに、気を許した友人や家族でも「この人にはこの話ができる」「仲はいいけどこの話題は避けよう」「この関係性だからこそのボキャブラリーで話せる」といったことは無意識に起きている。思うのは、究極のクラブは自分自身の中にあるんじゃないかということ。絶対に裏切らない、嘘をつかない、傷つけない他者は自分の中に存在している。過去や現在の自分自身との対話こそが「クラブ」的な場になるんじゃないだろうか。

自分だけの語彙を守る。自分の中で話す時くらい、自分だけの言語で話してもいいよね。そうやって私は、私の感受性を守っているんだよね？

でも本当は、やっぱり、隣にいる他人のあなたにもわかってほしいし、わかりたかった。少しも共有できないなんて、寂しいじゃん。でも私、ダサい奴を許せないんだよね。茨木のり子が私にしてくれたみたいにぶん殴ってやりたいけど、私の手を痛めてもいいと思えるほどの衝動が、どうしても湧いてこなかったんだ。この右手は、もっと別のことに使いたい。

紫陽花は土によって色が変わるらしい。違う土の上に咲いた紫陽花は同じ色にならないんだって。色が違うと、混ざり合えないの？　目線の先でピンクと青が並んで咲いている。

許せなかった夜は適当に空けた。全部どうでもいいのに一人でいるのは嫌なんて、わがままがすぎるよ。

初めて会う人を誘って昭和記念公園の蚤の市に行った。初対面で蚤の市って、行ったことないけど、話題が尽きなくて案外良かったかもしれない。夕方四時ごろ、蚤の市で買った椅子を丘の上に置いて風を待っていた。「うちら、邪魔かな。」「いいんだよ、誰の場所でもないんだから。」

店じまいをするテントを眺めて交わした言葉に、きっと嘘はなかった。

「最高にピースだね！」

私は君を殴らないよ、悪いけど。

火曜の午後、私のセンス・オブ・ワンダー

震える手、先輩のドタキャン、偶然の休み、予定のないふたり。黒のエアマックスを履いて改札前に立っていたら、同じ色のナイキを履いてこちらに歩いてきた。

「気に入ってた花瓶が割れちゃったんだよ。最悪。」

また新しいものに出会えるんだよ。

「まじで運がないんだよね、いつもそう」

大丈夫、君は運がいいよ。私が隣にいるんだから。

レイチェル・カーソン『センス・オブ・ワンダー』（新潮社）は寂しいときに読み返す本の一つ。どんな人にもこんなに優しい一面はあるんだろうか。誰にでも優しくするのは難しいけど、隣にいる一人に愛情を注ぐことなら、

私にもできるかもしれない。今年に入って出版された新訳版『センス・オブ・ワンダー』（筑摩書房）は訳者の森田真生さんが書いた「僕たちのセンス・オブ・ワンダー」、「僕たちのセンス・オブ・ワンダーへ」という二章が入っている。現代の京都で森田さんが感じていること、肌に触れた自然、子どもたちを見る視線。レイチェル・カーソンに重なるところもありながら、よりリアルに自然に触れられる感覚がある。西村ツチカさんの挿絵もあって新潮社版とは全く違う雰囲気で読むことができた。ずっと大切にしたいと思える一冊に出会えることなんて滅多にないから、こんな幸せな気持ちになれるなら、やっぱり少しは私も誰かに優しくしたいし、この幸せを独り占めしたくない。私が実感した幸せを、優しさを、分けさせてくれ。

代々木公園でレジャーシートを広げて寝転んでいた。フルーツサンドを先に選ばせてくれるのは、優しさなのか、見栄なのか、なんとも思っていないのか、よくわからない。こちらに気づかずに横になっている身体、お気に入りの歌集をパラパラとめくっている指先、木の隙間を抜ける光、「ちょっと寒いね」と言い合う風、自転車に乗る親子、葉の音と重なる静かな寝息。六月の代々木公園は「私のセンス・オブ・ワンダー」。今の私の、自然への感受性。

優しさって？　幸せって？　何をして、どんなものを食べていたら幸せな生活なの？　どんなに楽しくても落ち込むじゃない。じゃあどうしたらいいの？　アンラッキーな日があったら、私はダメなの？　何かをしてあげる、それが優しさ？

物じゃなくて、お金じゃなくて、時間じゃなくて、何かを差し出す簡単な優しさじゃなくて。そうじゃなくて。私は君が一番幸せになれるように、横で笑っていられる寛大さを優しさと認識したい。目が合う瞬間のその目の奥に映る私たちの顔が、優しそうで、幸せそうならいい。やろうと思ってできることじゃないけど、みんなにできることじゃないけど、私の思い描く優しさはそういうものなのかもしれない。

「そうだね。確かに、運がいい気がしてきた」

ドーナツ買って帰ろう。新宿のミスドは、一〇時まで開いてるよ。

アメリカの夜を真空パック

七月二日は一年のちょうど真ん中だって、誕生日ケーキの写真を見ればいつでも思い出せる気がした。

阿部和重『アメリカの夜』（講談社文庫）は「何者かになりたい」主人公・唯生の姿を刹那的に切り取った美しい小説だった。苦しいほど共感しながら、その気持ちをどこかに置いてきてしまった自分に少し安堵している。私は何者なんだろう。きっと死ぬまでほとんどの人が私のことを知らないし、死んだ後もきっと知られることはないし、それでも誰かにとっては少し特別になれるのかな。肩書きのある人間になれなくても、〝特別な〟人になりたいという欲は三十歳を目前にした今もまだ消えない。

本当の自分、本来の自分はこんなもんじゃない、と現実から目を背ける唯生と自分が重なってしまう。重なりたくないのに、似ている。今の自分の本当の姿は、金髪から黒い髪が中途半端に伸びて、汗で関節がかぶれている。ささくれだらけの手を握られると、いたたまれなくて、ほどきたくなる。

仕事先で出してもらった水を飲み干した。レモンの風味がする爽やかな水、なんというか、都会だなと思った。グラスの底をのぞいていたら、急に自分の居場所がないような気がして、そわそわと動き回りながらみんなの後について歩いていた。私はずっとこんな感じだな。緊張して、誤魔化すように人の陰に隠れてばかりで、いつになったらこんなことをしなくなるんだろう。

感情をXの一四〇字に閉じ込める、一瞬を短い文に残しておけるその才能が羨ましい。私はいつも頭の中でこねくり回してしまって、そのうち形が変わってしまう。元の形に戻すことなんて、できないんだよ。わかってるのに、どうして？

覚えておきたい。自分の心が動いたその瞬間を見逃したくない。全てを掴みたい、取りこぼしたくない。

人がご飯食べてる顔を見てあんなに生きていることを幸せに感じることがなかったんだよ。最悪だったこともこうやっていいことになっていくんだなって心の底から安心したの。代々木公園でトイレから帰ってくる私に気づかずに横になっていた姿がすごく好きで、あんなに目に焼き付けたつもりだったのに、もうぼんやりしてきてしまったよ。駅のベンチから見えた酔っぱらいの服は覚えているのに、交わした言葉のほとんどはあやふやになってきた。はじめて聞いた声がどんな低さだったか、もう思い出せないかもしれない。なんて言ったらいいのかな。どうやったらこれを言葉にできるのかな。どうしたらこれを、残しておけるのかな。自分が見た全てを自分の中に閉じ込めておきたい。

覚えておきたいのに、覚えておく術を、私は持ち合わせていない。思い出すヒントを書き留め続けることしか、この気持ちを慰める方法が思いつかない。何度も忘れてしまうなら、何度でも思い出したい。

寝室の小さい窓から見える、高層マンションの光が気に入っている。

そのサンショウウオの尻尾の歯形は、私がつけました

「おやすみ、ゆっくり休んでね」

優しさだけで作られたその一文が煩わしく感じてしまったから、通知をスワイプした。

もし、私が、新宿のエクセルシオールで大きな声を出したら。隣の席でオンライン会議に出ているこの人の肩が上がって目線がこちらに向くと思う。右奥のカウンター席で背中を向けているキャップを被ったあの人の首だけが振り返って、見なかったふりをするためにまたすぐ元に戻る。スマホに落ちていた君の目が大きく開いてこちらに向いてから三秒待って静かに「どうしたの」と二回繰り返して言う。きっとそうなる。私の大声に反応したどの身体にも言葉にも意思などなく、反射的にそんな動きをする。他人の身体を動

かすのって、意外と簡単なのかもしれない。

私は、奥歯をグッと噛み合わせて身体の反応を押さえつけることがある。なにかに反応することを拒否したいと思ってしまう。思わず身体が動いてしまうことに嫌悪感がある。いつでも自分の身体を、自分のコントロール下に置いておきたい。

だからか、瞬発力が必要な会話が苦手に感じる。相手の言葉に自分を反応させて、脳を経由したつもりもなく瞬間的に口から出る言葉が信用できない。自分のものじゃないみたい。「本当の」言葉である確信が持てない。

エアコンの効いた七月のエクセルシオールから外に出たときのぬるい風に顔をしかめず、質量を持った空気を〝吸い込もう〟と思って吸い込む。自分の身体の感触を確かめたくて、眠りにつけない時には自分の腕をベッドから垂直に伸ばして反対の手でそれに触る。触れた感覚と触れられた感覚が目で見た通りだと分かると、よく眠れる。

「今井さんにはさあ、これと言って特徴とか強みがないじゃん?」

「そうですね、はい」

　文学も語学も強みになり得ないなら、そうですね、はい、私には何もないですね。何者でも、ないですね。

　第一七一回芥川龍之介賞を受賞した朝比奈秋『サンショウウオの四十九日』（新潮社）は生まれつき体が結合している「結合双生児」の二人を描いた物語。肉体としてはちょうど一人分の杏と瞬、それぞれの自我はどこまでが「私のもの」と言えるのだろうか。瞬がそうであったように、名前を与えられた時から自我が芽生えるのなら、言葉を覚えて自分の名前を認識した頃から自我があるはずで。でもその頃の自分と今の私が同一人物には思えない。天然パーマでほっぺたをもちもちと膨らませていたあの柔らかな個体が自分だったなんて、納得できない。どこかに「今の自分」と「これまでの自分」の境界があるのかと想像してみると、昨日の自分と今の自分が同じ確証すらも得られなくて、じゃあ自分は何者なんだと問うてもどこにも答えがない。一人の部屋で怖くなって、左手を伸ばし、右手の親指で骨の間を強く押す。


そのサンショウウオの尻尾の歯形は、私がつけました

「おはよう、暑いね。気をつけてね」

何者でもないなら、私は何のために存在しているのだろう。意志のない空の肉体がここにあれば、世界の均衡を変えることなく苦しみが一つ減るのに。私の苦しみ一つが私の中では全てだけど、境界線の外に出てしまえばそんなこと取り沙汰されるものでもない。じゃあ何のための苦しみなんだろう。理由がないなら、どうしてここに在るんだろう。ある必要がないのに。

こうやって自分の苦しさばかりを嘆いて、どこまでも自分本位なのに優しくされるべきじゃない。私を労るような言葉が画面に送られてくると自己嫌悪に飲み込まれそうになってしまう。どうして自分が優しくされる対象になっているのか、論理的に理解することができなくて考えることをやめてしまう。こういうことに頭を使うのは、くたびれる。疲れているから、考えてしまうのかもしれない。どっちでもいい。嘘のない言葉で反応できない。そういう時、私は「既読」をつけることを躊躇う。

二匹のサンショウウオのように尻尾を食べ合いたい、そんなじゃれ方をしてみたい。形の違う君と私は、一つの丸に収まれない。きっと同じ水の中にすらいなかった。私を拾った人が間違えて、綺麗な方の水槽に入れてしまった、そんな気がしてしまう。

何者でもない、自分にしかできないことどころか、「強み」すらもないのなら、かえって楽かもしれない。求められていることなんて何もないんだから、それなら自分がどうしてもやりたいことをやればいいじゃない。どれだけ嫌だと嘆いても確かにここに自我があって、肉体が存在してしまっている。ならば書きたい。書いて日々の欠片を残していきたい。透明で苦しくて甘くて不味いこの一瞬の煌めきを言葉に閉じ込めてしまいたい。忘れてしまいたくないことを思い出せるように、思い出すことを諦めてしまわないように。たった一つの肉体の、たった一つの記憶をただの美しいものにしてしまわないように。今を今のまま書き留めたい。

書き留めた言葉が、私の、あなたの、思い出す手掛かりになればいい。なるべく鮮明に、この醜さを思い出せればいい。

消えたい夜に、遮断機は降りない

「新宿エクセルシオール二階にいる」

既読がつくと思っていた時間はとっくに過ぎている。約束の時間から三十分で落ち合えればいいほうで、一時間待たされることにも慣れてしまった。やることはあるから別に待っていても暇はしない。それでもため息が出そうになる。イライラする気持ちを抑えたつもりでも目を見て話せないのはやっぱり自分の時間を蔑ろにされた気持ちがどこかにあるんだろうか。

とはいえ自分も遅刻することはあるし、待たせることもあるからこんなことで怒るなんて理不尽だし、怒ることはしないんだけど、「仕事で遅れる」と言われて私が待つ側になるとまるで私は仕事が全然なくて暇な奴と扱われているみたいでどうもいい気分になれない。働き方が違うし、私は仕事が中途半端でも切り上げることができるから合わせられているわけで、別に仕事が残っていないわけじゃないのに、待つ側に回ることが多いせいでなんだか自分の方が社会的地位が低いように感じて惨めになる。

社会的地位なんて比べるだけ無駄で、そもそも高いも低いもないはずの関係性なのにどうしてこう思ってしまうのかと考えると、やっぱり自分に自信がないからなんじゃないかと浮かんでくる。自分のことは自分自身で考えて決めたことだから信用はしているんだけど、どんなに明るく振る舞っても、自信だけがつかない。

ヘルマン・ヘッセ『少年の日の思い出』（草思社文庫）は教科書にも載っている短編小説。蝶の標本を盗まれて「そうかそうか、つまり君はそういうやつだったんだな」と口にだすエーミールの賢さと、そんなことを言われてしまう〝僕〟の惨めさが、苦しいほど繊細に描かれている。〝僕〟は、蝶の標本を盗んだことで自分の自信のなさを自覚したんじゃないか。だからこそ、標本を自分の手で壊してしまったんじゃないだろうか。自分が美しい標本を持っていていいという、自信がないから。

「遅かったね。赤坂の鰻屋さん、まだ入れるって。行こうか」

自信はあったほうがいいのだろうか。自信のなさから滲ませる謙虚さとか、普段の発言や振る舞いとのギャップが私のいいところになってしまっている気もする。でも自分で謙虚さがいいとか言ってしまっているあたり、全く謙虚じゃない。どうしてこんなに自分に自信がないのに陽気に振る舞えているのかもわからない。どっちが自分の本質なのか自分でもわからないし、どちらも本当の自分だと思う。嘘をついているつもりは少しもなくて、それなのに言っていることと思っていることが噛み合わない。陽気でいることも自信を持つことも、誰からも頼まれていないんだから、勝手にやって勝手にこんがらがっている。自分に自信があるよね、と言われることもあるけどそうやって言う人は私のことをよくわかっていない気がするし、むしろよくわかっているのかもしれない。でも自信がありそう、と言われても嬉しくはない。嬉しい人なんているのかな、いないんだとしたら嫌味だったのかもしれないけど今までそれに気がつかなかった自分の能天気さを見るとやっぱり自分に自信があるようにも感じる。

自分に自信がある、と言い切ってしまうと失敗した時の保険がなくて不安なのかもしれない。自信があったのに、できると思っていたのに、体がサッと冷えて自分の中身が身体から離れていく。そもそも本当に自分に自信がないのなら、周りからの期待など感じていないはず、そもそも期待されているなんて思わないはずだから、やっぱり私は自信家なんだろうか。だとしても、やっぱり私は自分に自信がない。

エクセルシオールで待ち合わせをすると、なんだか都会的だなと思ってしまうのは、祖母との待ち合わせ場所がいつも五反田駅前のエクセルシオールだったからなのだろうか。マンションの近くに星乃珈琲店ができてからは、エクセルシオールで祖母と落ち合うことも無くなった。いまだに何かを「都会的だ」と感じてしまうくらい、私はまだ東京に馴染めていない。背筋を伸ばして、赤坂の鰻屋さんの扉を開ける。

深夜二時、肩をゆすられて起きた。気がついたらグレーのTシャツの中で泣いていた。玄関を出て踏切を覗き込んでも遮断機は降りない。もう終電は行ってしまった。一人でいる時より誰かといる時の方が寂しい。突然いなくなってしまうんじゃないかって。自分は突然どこかに置いて行かれてしまうような、取るに足らない存在なんじゃないかって。自分がここにいていいという、自信がない。

君のこと、よく知らないけど、なんか。

駅まで向かう坂道、Tシャツの胸元が汗で濡れている。黒のワイヤレスイヤホンをiPhoneにつなげてSpotifyを開く。上海ハニーで首を揺らす。いーね、快晴じゃん。

それにしても暑い。猛暑とか酷暑とかいろいろな言われ方をしているけど、あまりにも暑い。東大で気象を研究している人は「来年の今頃は、みんな二〇二四年の夏を思い出して、まだ涼しかったねって言ってますよ」って話していたらしい。これ以上暑くなったらもういよいよ社会活動にも影響が出てくるんじゃないかと思う。どんな影響が出るのか、歩きながら考えてみたけどちょっと暑さで頭が上手く回らない。駅のホームに着いて電車を待っている二分間、タオルをTシャツの中に滑らせて汗をふく。人目を気にしている場合じゃなくなってきた。ずっと日焼け止めだと思って体に塗っていた液体がただの「体をひんやりさせるジェル」だと気がついたのは七月に入ってからで、そのせいで腕だけ茶色く日焼けが浮いている。顔に汗をかかないからすぐに火照って、人といるのが嫌になる。行き帰りの移動だけで体力を使い果たしてしまって家に着いて一〇分昼寝するつもりが二時間もソファでうずくまっていた。それでもこの暑さに少しトキめいてしまうのは、やっぱりORANGE RANGEのおかげなのかもしれない。平成生まれでちょっと得したかも。

日差しがすりガラスをキラキラさせている日中は、暑い暑いと言いながらもやっぱりどこか浮かれていて、案外活動的になれる。その反動なのか、夜には喉が詰まって上手に息ができない日が、冬よりも多い気がする。その息苦しさの原因は、湿度の高さだけじゃないのは、自分でも知っている。

“just launching stuff into space”

宇宙に何かを飛ばしていた彼女が亡くなったのは六年前の八月だった。Instagram のアカウントには「追悼」の文字がアイコンの下に太字で書かれている。生きている私たちの下には「生存」とか書かれてないのに、死んだら死んだと表記されている。私には何のためにあるのかわからないこのシステムにも、助けられている人がいるのかな。彼女が亡くなった知らせを聞いた時、私は九千キロ離れた赤坂のビルの九階で、下を見ていた。同級生から届いた LINE の文字を何度も読み返して、ただ、自分のデスクの削れた傷を眺めていた。家に帰っても涙が出なかった。現実だと思いたくなかった。亡くなる半年前、アメリカ旅行に行った時、どうして彼女に会わなかったんだろう。会う時はだいたいクラスで一番活発だった子が直接連絡を取ってくれていたから、いつも夏になると日本に遊びに来ていたから、きっとまた夏には会えるから、いくつもの言い訳をして、直接連絡を取ることを面倒だと思ってしまった事実を、私は忘れてはいけないんだ。もしあの時、一時間でも彼女に会っていたら。少しでも、顔を見て話をしていたら。直接連絡を取ることも増えたかもしれない。その一時間で、なにかを打ち明けられるほど、心を通わせていたかもしれない。遠い場所に住む知り合い、という適度な距離の存在になれたかもしれない。彼女の死を、なかったことにできたかもしれない。その日、家のベランダで吸ったアメスピの吸い殻を写真に撮っていた。泣けなかったこの夜を忘れてはいけない気がして咄嗟に残した画像から、私はちゃんと全部を思い出せているんだろうか。吸い殻をモロゾフのプリン容器に捨てたけど、あのガラス瓶は捨ててしまったのか、覚えていない。今手元にないことだけが、確かな事実。

六年経って、いつの間にか紙タバコをやめていた。タールを吸い込まなくなったはずの肺なのに、夜になると吸い込む空気が重くて身体に酸素が入らない。酸欠でクラクラして、玄関の外に出て深呼吸をする。なにも通らないと思っていた線路にヘルメットを被った整備士が歩いてくるのを見ると、自分だけがこの湿った夜に残されたわけじゃないとわかって安心する。彼女は宇宙へ自分を飛ばしたかったんだろうか。聞いても答えはどこにもない。

タオルケットで身体を包んでメガネをかけたまま寝てしまって、お腹が空いて素麺を茹でる。パソコンを開いたまま麺を啜って、食べ終えた食器をシンクに置きに行く。もう一度お湯を沸かしてコーヒーを淹れる。ぬるいカフェオレを飲みながらまたパソコンで文字を打つ。ただこうやって生活を営むことこそが生きることなのだとわかってはいても、実感せずに時間が過ぎていく。彼女がいなくなって、自分がここにいていい、その理由を見つけられない。同じくらい、死んでもいい理由も見つからない。生きることも、死ぬことも、理由がわからない。

福島に住む祖父が亡くなったのは五月だった。そもそも私は亡くなって初めて顔を知ったのに、生きていたことを亡くなってから知ったのに、それでもなぜか悲しかった。棺桶に入れられた想い出の品を見る限りおしゃれでかっこいい人だったようで、生きている間に仲良くなってみたかったなと今更思う。誰かが入れたメビウスの箱を覚えていて、東京のコンビニで同じ銘柄を買った。家に帰ってタバコに火をつけたら思っていた以上に軽くて、私の中の祖父の存在の軽さを表しているように思えてしまって、急に悲しくなって涙が出た。五月になるといつも、祖父のいた福島に行きたい気持ちと、行ったところで浸る想い出もないという事実が戦って後者が勝つ。たった二〇人しかいないクラスで三年間毎日一緒だった同級生の死には一度も涙が出ないのに、遺影を見てもピンとこない祖父の死には涙が出る辻褄の合わなさをもう何年も説明できないままでいる。

この先知っている人が亡くなるたびに感情がバラバラになっていくのだろうか。息苦しい季節が増え続けてしまっても、私は息をし続けなきゃいけないんだとしたら、想像するだけで苦しくて、でもどうしたらいいのかもわからない。生まれることは奇跡でも、死ぬことは必然で、歳を重ねて知り合いが増えるほど、周りが歳を重ねるほど、死を目の当たりにする回数は増えていくほかない。何度も経験するうちに、この気持ちにも慣れてしまうのかな。慣れたくはない。別の肉体を持って全く別の人生を歩んだ人たちを一括りにしてしまいたくない。そこにいた人をいなくならせたくない。覚えておこうとなにかを残しておかないと、どうしても美化してしまう。いいことしか思い出せなくなってしまう。一番苦い部分を置いてきてしまう。あなたとの思い出が、全部綺麗なものになってしまう。

文学は、本がそこにあれば、何度だって世界を再現できる、そう思っていた。だからこそ没入して、文学に救いのようなものを求めていた。同じ文字でできているはずの作品を再読する機会が増えた。そして、気づいてしまった。文学も再現性のないものだった。読み手によって解釈は変わり、同じ読み手でも読むたびに変わる。同じ作品を読んで何度も発見があることに喜びを感じると同時に、昨日の読後感は二度と味わうことができないし、今日の私には再現することができないと気がついて、時間が進むことを怖いと思ってしまった。

木下古栗『金を払うから素手で殴らせてくれないか』（講談社）は夏の日にベンチで読んだ本。疾走感のある文体で書かれた不整合な会話を一気に頭に流し込んだ。頭が溶けそうだったのは暑さのせいか、文章のせいか、区別がつかなかった。その区別のつかなさを覚えておくために、この時も私は写真を撮っていた。火傷しそうなほど熱を持ったベンチの淵で表紙を写した画像からは、その日の暑さと溶けるような感覚を思い出すことができる。確かにそこに自分がいた、たしかに私はその本を読んだ。私にだけわかる事実がそこに存在している。誰にも知られていないし、本当のことなんて誰も見ていない。証人のいない現実を私だけが知っている。

自分だけの世界があるとして、自分がそこにいると確かめてくれる存在がいないのなら、どうすれば自分の存在を証明できるんだろう。他者の存在がなくても、過去の自分と照らし合わせることで、過去に自分が存在したこと、そして今自分がここにいることを確かめられるのではないだろうか。

祖母が五反田に住んでいる。背が低くて、ゆっくりと喋る姿を見ると「おばあちゃま」って感じだなと密かに思う。孫の自分がその上品さを受け継いでいないことに少しがっかりしたりもする。私が何かを「都会的」だと感じる時、その理由が祖母との思い出であることが多い。いつも待ち合わせていたエクセルシオール、よくお昼ご飯を食べに行ったモスバーガー、五反田駅で買い物をするときに寄る東急ストア。どれも東京特有のものではないのに、都会的で東京らしいと感じてしまう。子どもの頃の東京の記憶は、ほとんどが祖母と一緒だったから、祖母は都会的で、一緒に行った場所も食べたものも全部東京らしいものだと刷り込まれている。

祖母は私が好きだと言ったものをよく覚えていてくれる。一時期銀座ウエストのリーフパイを持たされすぎて「もうこんなにいらないよ」とぼやいたら、次からクルミッ子をたくさん渡されるようになった。私がいつ話したか覚えていないけど、クルミッ子、大好きなんだよね。祖母はいつでも「おばあちゃま」というキャラクターのような存在で、祖母がこれまでどうやって生きてきたのか、聞いたことがなかった。あえて聞く機会もなかったし、今の祖母と話して会えるなら、過去に起きたことなど特に興味もわかなかった。担当しているラジオ番組で急遽「おばあさんの声」が必要になって、祖母のマンションの近くにできた星乃珈琲店で待ち合わせをする。五反田の星乃珈琲店は最近できたからか、あまり都会らしさを感じなかった。必要なインタビューを取り終えて、最後になんとなく、「十年後、やりたいことある?」と聞いてみた。宇宙旅行に行きたいって。宇宙か、亡くなった同級生の名前が一瞬浮かんで、顔と一致する前に目の前のタルトに引き戻される。放送では使わない宇宙旅行の話をiPhoneのボイスメモで録音していた。いつものように穏やかな口調で「生きている間に行けるかしら」と話す祖母の声を保存しておきたかった。ボイスメモを切ってお礼を言い、注文したタルトを食べていた。この際だから聞いてよ、と結婚した当初の苦労話を始める。こんな話、聞いたことがなかった。私にとって祖母は「おばあちゃま」だったけど、彼女も一人の人間としての人生があって、つまり過去があって、だから宇宙に行きたいという未来が描けているんだとやっと理解する。自分とはかけ離れた存在だった「おばあちゃま」は血のつながった祖母なのだと実感する。お正月にみんなですき焼きを食べていると、歯が悪いからお肉はいらないと言う。外食先でメニューを決めるのをめんどくさそうにすることがある。いつまで一緒に出かけられるんだろう。いつまで一緒に喫茶店に行けるんだろう。いつまで、大好きなかわいいおばあちゃんと笑い合えるんだろう。そんなことを考えるとまた息が苦しくなってきて、なんとか会う口実を探してしまう。

「PIZZA」と書かれたTシャツを着た人が名刺交換で言った「椎名林檎が付き合いたかったピザ屋です」。

ジェラードンのYouTubeで出てきた「強気、強気〜!幸せ、幸せ〜〜!」というセリフ。

他人には理解できないようなセリフで泣くほど笑える、そのくだらなさを忘れたくない。どうでもいいことほど忘れてしまうし、どうでもいいことこそが日常で、そういうささいなことを自分だけが覚えていたい。思い出は、いつの間にか綺麗になってしまう。もっとヒリヒリする、思い出して恥ずかしくなる、そんな感情を忘れたくない。思春期のみずみずしさの裏に誰にも言えない下心が隠れていたことを、ちゃんと思い出せない。でも、美しいと思っている出来事にも汚さが必ずあったはずだから。それなのに十年経って思い出そうとすると、綺麗な上澄みしかすくえない。もっとかき混ぜて、全部溶かして、どろどろになった不味さを飲み干したい。どんなに苦くても、二度と味わえないと思ったら、飲んでみたいじゃん。今の私が誰にも見せていないこの感情だって、明日には味が変わってるんでしょ。

明大前、交番のそばで鳩が死んでいた。しゃがみ込んだ警察官が手袋をして、死んでいた鳩に手を合わせていた。そしてその鳩を広げた新聞紙に投げ込んだ。手をあわせる行為と個体を新聞紙に投げ込む行為の整合性の取れなさを、目撃して、覚えている人は、いるんだろうか。

鳩の死体を頭に描きながら、ORANGE RANGEをイヤホンから聴く。東京は今日も暑い。

勘違いじゃないと、いいんだけど

陽の光がまぶしくて、布団にくるまっていた。何かあったわけじゃないけど、なんだか寂しくて、自分だけの世界を作るために遮光カーテンを閉める。

第一七一回芥川龍之介賞候補作、向坂くじら『いなくなくならなくならないで』(河出書房新社)。死んだと思っていた親友からかかってきた電話、いなくなったと思っていた存在が日常に侵食することで感じる嫌悪感。時子と朝日、それぞれの揺れ、執着、愛情、憎しみ、同じ経験は一つもないはずなのにその痛々しさに共感してしまうのはどうしてだろう。嫌いになるのは好きだからで、でも好きなのは嫌いだからじゃない。いなくならないでほしい、でもいなくなってほしい。この相反する二人の世界を言葉だけで作り上げた著者の向坂さんに嫉妬してしまった。Xを見ていたら、夏が誕生日だったみたい。私の一つ年上。

芸能人の年齢を見て年上だとホッとする。自分より若い選手が活躍するスポーツを見ていられなくて、テレビを切ってしまう。大谷翔平と羽生結弦が年上で良かった。今日もジェラードンのYouTubeを寝落ちするまで見る。

やりたいことはあるのに、やりたくない。起き上がりたいのに気がついたらまた寝ている。陽が沈んでから近所を散歩して、誰とも話さずに今日が終わっていく。

芥川賞受賞作は世相を反映する、と紀伊國屋の書店員さんがＮＨＫのインタビューに答えていた。世相。

前回の受賞作、候補作もそうだったけれど、今回も他者と自己の境界、その曖昧さが大きなテーマになっていると感じた。連絡手段も娯楽も多様で、他者と関わる時間が圧倒的に増えた現代、自分という存在が文字やデータに化けてしまう。同じように他人という存在も物理的な重さを持たなくなって、温度のない文字だけが、自分ではない何者か、として手元に存在している。自分と他人との距離が短くなって、境界が曖昧になっていく。今回気がついたことはもう一つ、一生懸命さ。どの作品のどの人物も、その世界の中でただ一生懸命に生きていた。それぞれの正義や価値観が嚙み合わなくても、嫌いでも、いなくなってほしくても、それでも相手から目を逸らさない、逸らせない一生懸命さが物語の中で輝いていた。

第一七一回芥川龍之介賞受賞作の一つでもある松永K三蔵『バリ山行』（講談社）なんてまさに命懸けの物語で、私はあんなに険しい山道を後戻りせず行くなんて、怖くてできないよ。命をかけて何かができるほどの覚悟も勇気もなくて、そんな弱い自分が嫌になって、それでもやっぱり二度寝してしまう。

人間はだらしないよ、みんなだらしないんだよ。誰かに見られてると思うからまともに振る舞うだけで、本当はみんなだらしないんだよ。何をすれば頑張ったことになって、どこからが一生懸命で、なにが一生懸命じゃないの？

得意なことは頑張らなくたってできるのに、滞りなく終わらせてしまったら一生懸命じゃないいってこと？　不得意なことで演出された一生懸命さに感動しているの？　そんなの、いらない。

部活で「帰れ」と言われて帰らないことが一生懸命だとしたら、言葉をまっすぐに受け取って帰ったあの子は一生懸命じゃなかったの？　事務作業に手こずって周りの手を借りていたとき、一生懸命なのは私で、自分で調べて作業できる先輩は頑張っていなかったの？

一生懸命の基準なんてわからない。人と比べても意味がないって、言われなくても知ってるよ。でも、気になるよ。だって、一生懸命になりたいもん。私だって、こんなに頑張って、それでももっと頑張れるんじゃないかと思うと辛くて、泣いてしまって、弱くて、弱い自分が嫌いで、ダサくて、それでも私の世界の中で輝きたい。それなのに、今日も、いいことも、悪いことも起こせずに、ただ頭の中で言葉をこねくり回して泣いていたら日付が変わってしまった。

何がしたくて、何者になりたいのかももうわからない。ただ、光を捕まえて、うっとりしていたい。幸せに満ちた世界を一瞬でいいから見てみたい。今日はSNSで芸能人が炎上していた。誹謗、中傷、炎上、擁護、どれも誰かが傷ついてんじゃん。その言葉で幸せになる人が誰かいるんですか？せめてあなた一人だけでも、幸せになれていますか？　どんな顔でその文字を打ったか、自分で見ていましたか？

なんでもっと、優しい言葉をかけられないんだろう。傷つくとわかっている言葉を吐き出してしまうんだろう。どうしたら悲しむ人を減らせるんだろう。もう、誰かが死ぬのをみたくないよ。だれも責められてほしくないよ。仲良くならなくていいから、放っておいてくれないかな。テロも戦争も喧嘩も泣くのも傷つけられるのも、傷つけるのも、全部嫌だ。自分が誰かを傷つけてしまうなら、もう何も言いたくない。一瞬でいいのに、一瞬だけでいいから、地球の周りにパッと光が咲いて人も動物も植物も口角が上がってしまう、アニメみたいな現実をみたい。たった一瞬の願いすら実現しないなら、何のためにみんなこんなに悲しまなきゃいけないいんだろう。いつになったらこの世界は幸せに満ちるんだろう。

寂しい、悔しい、嫌い、悲観的な感情があるほど豊かになると信じたい。涙が流れるたびに、感情の一番深い場所を触れている気がする。勘違いじゃないと、いいんだけど。

寂しさが自分を救う。人生に絶望することで強く生きていける。どうせ生きてしまうから。寂しさを回避したくなる、でも寂しさや孤独の中でしか得られない経験もある。触れられないものが、きっとある。わざわざ迎えに行く必要もないけれど、自分に降りかかった寂しさから逃げることなく、両手を広げておもいきり受け止めたい。この寂しさを知れば、少しは光に近づける気がする。大丈夫、きっと寂しさは、思っているよりも、柔くて眠り心地のいいものだから。


陽が沈む、クーラーと布団、左目の涙。

だって好きだから

紙の本が好き。

市川沙央『ハンチバック』（文藝春秋）が芥川賞を受賞した時、私は本当に、自分の無力さに絶望した。これが文学かと、ぼうっとしてしまった。身体についてどれだけ自分が不自由なく生きてこられたのかということを見せつけられて、その文章の力に圧倒されていた。市川さんの言葉で作られたその世界に引き込まれて、戻ってこられない気がした。とんでもないものを読んでしまった、と思った。

私はこの小説が、市川さんが書いた文章が、二〇二三年にようやく紙の本になったのだということと、怒りを持ったから生まれた作品だということに自分のやるせなさと、それでも文字として紙に印刷されて私の手元にある喜びがあるというこの歪さとの間で、この作品について言葉にすることができなかった。自分が言葉にしてはいけない気がした。

なぜ、電子書籍になっていない本があるのか。なぜ、店頭でしか買えない本があるのか。私が感じていた特別感なんてペラい感情を圧倒的な迫力で凌駕されて、今までどうして私はこの特権性に気がつかずに紙の本を愛していたんだろうと思った。それから私は、紙の本が好き、書店が好き、と公言することをやめた。

浅草の BOOK MARKET に行ったのはそれから一年後だった。会場内で Podcast の収録をしながら、見よう見まねで接客をしてみたり、自分の特権性なんてことはまた忘れてしまったまま、そこにいた。他の出店ブースをみて回っていくと、気になっていた雑誌『NEUTRAL COLORS 5』があった。言語の特集だと知ってからずっと探していた雑誌で、見かけてすぐに買った。他にも気になる雑誌を見つけていくつか買った。二九七〇円、雑誌にしてはちょっと背伸びをする値段だったけど、どうしても欲しかった。紙で家に置いておきたかった。持ち帰ってソファに丸まりながらページを開くと、もう、それは、紙だからできる表現が多様に詰まっていた。企画ごとに組や書体が変えられ、全ページがカラー印刷。紙の質感まで変えられている。これだよ、私はやっぱり、紙が好きなんだよ。こういうお気に入りの質感を、印刷された文字を、物として自分の部屋に置いておきたいの。書店も好き。紙の匂いが広がって、本棚にみっちりと紙が詰まっていて、何度行っても知らない本があって、背表紙を見るだけでときめくんだ。私は自分で働いて得たお金を、こういう場所で消費したい。こういうもので、自分の生活を彩っていきたい。

金曜の夜に、恐怖心を抱かずに一人で散歩ができるこの街が好き。ビーチサンダルのパタパタとなる音が響くのが好き。自転車で行き先を決めずに出かけられるのも好き。寝起きでマックをUberできるこの便利さも好き。永福町のビルの二階にあるカレー屋さんも、武蔵小杉の中華料理屋さんも、赤坂の本屋さんも、東中野のよく行く狭くて暗いあのお店も、みんなが躊躇いなく入れる場所じゃない。でも、私は全部好き。日曜の喫茶店で音楽を聴きながら原稿を書いている、今この瞬間の自由さが好き。

電子書籍やインターネット販売がある。その上で、紙媒体も書店もある。そんな器用な世界がこの先もずっと存在できるのかはわからない。何かが消えて、何かが残るのかもしれない。それでも、今を生きる私は、自分が特権性を持っているという事実をしっかりと飲み込んで、喜びも、苦しみも、ためらいも、矛盾も感じながら、紙の本が好きだと言いたい。なるべく、胸を張って言いたい。だって、好きだから。

おやすみ、好きだよ

きのう、おやすみって言ってから寝たっけ。

パク・ジュン／趙倫子（訳）『泣いたって変わることは何もないだろうけれど』（CUON）がラジオで紹介された時、一緒に話していたパーソナリティが「これは僕が読むべき本だった」と言っていたけれど、これは私が読むべき本でもあった。愛、他者、自分、生きること、死ぬこと。感情の起伏なんてなければ悲しくなることなんてないのに。そう思いながらも他人を好きになったり、悲しくなったり、嬉しくなったりしてしまう毎日をこんなにも綺麗に書き起こすことができるなんて、知らなかった。さっき誰かと話した言葉が、その人と交わす最後の言葉になるかもしれない。自分が言った言葉が、遺言になるかもしれない。そんなことを考えながら生きていたい。不機嫌で顔を不細工にしたまま言った「疲れた」があなたに伝えた最後の言葉にはしたくない。なるべく、愛に満ちた言葉をかわし続けたい。どうしたって後悔するんだろうから、なるべく毎日を噛み締めて生きていたい。

そう思ったらベッドの中で寝てなんていられなくて、帽子をかぶって電車に乗り込んだ。引っ越す前によく来ていた吉祥寺の街を一人で歩いて、今日も他人がたくさん存在していることに安心する。東京に溶け込めないまま、それでもこの街に暮らし続けたいと思うのは、他人がたくさんいるからかもしれない。会話をすることも、顔を思いだすこともない人たちにも友人が、家族が、恋人がいて、楽しそうに笑い合ったり、怒ったりしている。そういう光景を見ると、嬉しさで満たされる。誰かといたいと思いながら生きているのは私だけじゃない。みんな理由もわからないまま誰かを求めて生きている。一人で生きていたって充分楽しいけれど、それでもなぜか誰かといたいと思ってしまう。他人の存在によって、傷つくことも、傷つけてしまうことも増えるのはわかってるのに。それでも人間関係を断ち切ることなんてできない。これって愛なのかな。二八年生きたけれど私にはまだわからない。

母は一緒に買い物へ行くと私よりも早く歩く。休憩したがるのはいつも私が先で、越谷レイクタウンで「もう一周する?」と聞かれた時は心の底から驚いた。私の体力ではもう一周なんてできないので、帰ったけれど。母はいつまで私よりも先を歩いてくれるだろう。祖母は、いつまで一緒に出かけてくれるだろう。最後に三人で会った時の、別れ際の言葉が思い出せない。改札まで見送って、振り返らずに自転車に乗ってしまった。あの時、もう少し、階段を登り切るまでは、見届ければよかった。後悔はしたくないから、次は絶対に見えなくなるまで見送るんだ。話した言葉を少しでも覚えているんだ。絶対、そうするよ。だから、また会えるよね。

ディレクターの誕生日にお菓子を買って祝った日。「もういい歳だから誕生日なんて嬉しくないよ」なんて言われてもやっぱり祝いたい。私が「おめでとう」といえば「ありがとう」と返ってくる。この循環が好きなんだ。来年も祝いたいからさ、元気にディレクターを続けてよ。

家を出る時に「気をつけてね」と言わないとなにか悪いことが起こる気がしてしまう。寝ていても絶対に起き上がって玄関でハグをする。こうしないと、心配で、不安で、後悔しそうなんだ。

ＳＮＳがあまり得意じゃない。批判ばかりが目についてしまう。行為の批判はするべきだ。したこと、されたことに対する抗議や批判はためらってはいけない。自分のためにも、後の人のためにも。でも、人間の批判とは区別するべきだとも思う。何かをした、書いてしまった、作ってしまった、その行為を批判するべきで、個人の存在を否定するべきじゃないんだよ。やったことは悪かった、そこに焦点を当てるべきでしょう？　あなたが気がついていないところでその人の存在があなたを救っていたのかもしれないんだよ。わかるよ、言いたいよ、責めたくなるよ、でも、私は、人が生まれてきたこと自体には罪はないと信じたいんだよ。それも、わかって欲しいんだけど、わがままかな。自分の命に罪はないと思いたいから、他人の命にも罪はないと信じるしかないんだよ。

失敗した他人の存在を他人のあなたが責めていい理由はありますか。あなたは一度も人を傷つけたことはないのですか。今まさに、誰かを傷つけているかもしれないのに。愛する人にその言葉を見られても、恥ずかしくありませんか。言い訳をしませんか。他人の存在を否定するその言葉を、目を見て、直接言えるほど、強い意志で発することはできますか。

その一言が、あなたの最期の言葉になっても、悔いはありませんか。その苛立ちを腹の中に収めてはくれませんか。あなたへの苛立ちも、きっと誰かが腹の中に収めてくれてるんだよ。少しでも、愛のある言葉を使いませんか。

来年もおめでとうって言いたいから。今日も愛のある日を過ごしたい。今夜は寝る前に、好きと言えればいいな。

花と自転車、三月の記憶

花を買う時、どんな気持ちで選ぶだろう。どんな顔を想像して、何色の花を束ねてもらうだろう。

『チャリティー百人一首』（胎動短歌会）は二〇二四年一月に起きた能登半島地震の被災者支援の一環で企画された歌集。百人が「花」をテーマに短歌を寄せた。書籍、電子書籍に加えて、読書のバリアフリーの観点から朗読音声を作ることになって、その収録と編集に手を挙げた。その縁で、私もひとつ短歌を載せてもらえることになった。何かの間違いかとも思ったけれど、他の寄稿者に背中を押してもらって、初めて短歌を作ることにした。

それで、花のことばかりを二週間ほど考えていた。お花屋さんに並ぶ花はどれも同じ高さに切り揃えられていて、顔は違うのに同じ格好をさせられた高校生みたい。かわいいし、ちょっとかわいそうかも。本当はどれくらいの高さだったんだろう。どんな土の上で、どんな人に育てられていたんだろう。

　歩道に植えられた花も手入れがされている。近所の花壇は小学生が地元のシニアと植えたらしい。今まで気が付かなかったけど、誰かがこの花を愛でて、手入れをしているんだと思うと愛着が湧いた。そういえば、前に働いていた会社の廊下にもプランターがあった。どこかの番組が何かを育てていたらしいんだけど、誰も水をあげなくなって、窓際で水分をなくしていたその何かに、担当者でもない先輩が水をあげている姿を見かけてなんだか神々しく感じたのを覚えている。その時先輩は白いシャツを着ていて、陽が差し込んだ窓際で俯きながら水をやる姿が絵みたいに見えたんだ。家の玄関に生えた雑草から白い花が咲いた。ぐんぐん背を伸ばしていって可愛いなと思っていたら、隣の家の人が枝を切っていた。私が雑草の手入れをしていないから、いつも夜中にうちの前まで手入れしてくれるんだよね。でも、この花だけはまだ見ていたかったんだけど、でも、ありがたいよね。会った時にお礼を言おう。この「ありがとう」だって、花のおかげだし、いい言葉を言わせてくれて、花はやっぱり偉大だな。

花を見ると嬉しくなる。もらうと特別な人になれた気がする。だから、花は喜ばせるために買うものだと思っていた。

花のことを考えながら、自転車に乗っていた。

埼玉で自転車を漕いでいた中学時代、同級生の自転車を借りて走った金沢八景、初めてクロスバイクに乗った駒沢通り、通勤で通った明治通り、大きいスーパーに行く甲州街道。

東京の道は車が多い。自転車に乗るようになってから道の名前を覚えた。どの道を走っても自転車の音は変わりなく坂道をカラカラという。一緒に走ってくれている気がする。一人じゃ何も浮かばなくなっちゃったから、自転車と一緒に花を見に行こう。

道端に、花束がある。クロスバイクの速度ですぐに見えなくなったその束は、何色だったっけ。一瞬でわからなくなってしまった。

その道に置かれた色の塊が、いつ、誰が、誰のために手向けたものか、私が知ることはきっとない。今ここに身体がない誰かと誰かは、どんな気持ちで、ここで話をしたんだろう。どんな言葉をかけたんだろう。きっと、喜びではない感情が、そこにはあったはずで、でもそれがどんな言葉で表せるのか、想像できなかった。私は道に花を手向けたことがない。

喜ばせるため以外に贈られる花、相手の反応が返ってこない花が存在している。微笑みのない花。どんな気持ちで買われて、その値段に何を思ったんだろう。どちらの手でその花をここまで持ってきて、花のいなくなった手をどんな気持ちで眺めて、握りしめて、帰っていったんだろう。帰り道、どれくらいこの花のことを、花を買った相手のことを、考えていたんだろう。

駒沢通りから国道二四六《ニーヨンロク》号に入る手前、三軒茶屋駅の近く、自転車で通り過ぎてしまったあの色の塊を、私はいつまで覚えていられるだろうか。自信がなくて、書いておくことが自分のできる精一杯だった。

道端に重なる束は誰のため駒沢通り自転車を漕ぐ

どれだけ祈っても汚いままのこの世界

「マスゴミはもっとまともな報道してくださーい」

私たちはゴミじゃないよ。ＳＮＳで放送局が揶揄されるたびに同じことを思う。放送局の大きな建物の中では生身の人間が必死に働いているんだ。コーヒーを淹れて、眠い目をこじ開けて、くだらない話で笑い合って、普通の生活をする普通の人があのビルの中で生きているんだ。

ゴミだと思ったニュースだって、誰かの正義がどこかにあるんだよ。その正義も、実は社会のためかもしれない。会社の中で、その人の立場で、できる精一杯かもしれない。誰かがその裏で歯を食いしばっていたかもしれないよ。あなたと同じようにクソだと思いながら悔しがって、次のチャンスを窺っているのかもしれない。ゴミだと思ったその情報だって、誰かが死に物狂いでつかんだ光なのかもしれない。

『断片的なものの社会学』（朝日出版社）は社会学者の岸政彦さんが実際に出会った「解釈できないできごと」をめぐるエッセイ。大学生の時に読んだこの本は、事実を見つめる、という感覚を取り戻したい時に手に取ることが多い。

「手のひらのスイッチ」という章が特に好き。子どものころ、手のひらに握っていた空想へのスイッチは、いつ無くしてしまったんだろう。スイッチさえあれば、空想、妄想、理想を描くことで未来を見ることができるはずだった。でも、今の自分にはもうできない。事実をとらえ続けることでなんとか生きている、という実感がある。そのなかで、社会的に〝大きな〟ニュースがある時。何が起きていて、自分に何ができるのか、考える。

二〇〇一年同時多発テロの時に当時暮らしていたアメリカのニュース番組で見た血まみれの男の顔がずっと忘れられない。今年のはじめに飛行機事故のニュースを見てすぐにまた思い出してしまった。なんの被害にも遭っていない、ただテレビで観ているだけの自分が、そんな被害者意識のようなものを持っていいのかわからない。私は無事に生きている。無事に生きている、ということが苦しい時もある。そしてそれをなかなか口にできないという現実もある。でも、そう思ってしまうことは事実なんだ。物語性や関連性のない突発的な感情だとしても、無視のできないものとして持ってしまっている。手のひらのスイッチで空想の世界に飛ぶことができなくなってしまった。でも、自分の感情を、その事実を、その理由を見つめることは大人の私にもできる。

社会は変わってほしいよ。変えられるなら変えたいよ。満員電車で自分の身体がどこに向いているのかを気にしなきゃいけない、正論を言って咎められる、税金がどこに消えてるのかわからない、戦争ばっかのこの世の中、どうにかなってほしいよ。

でも、同じように輝いているものもあるんだよ。話を聞いてくれる人がいて、こうやって文字を打つ道具を持っていて、家のエアコンは適温で、今日もご飯が温かくて。私は恵まれているんだ。恵まれてしまっているんだ。だから文句を言ってる場合じゃなくて、なにかしなくちゃいけない、できるはずなんだ。

一晩で世界を変えることなんてできない。だけど、一晩で一人の生き方に少し影響するくらいなら、できるかもしれない。少しの優しさが、何かを変えられると信じることって、馬鹿馬鹿しいのかな。不謹慎だけどさ、最悪なことがあるから、その中に光を見つけられるのかもしれないって思ってしまったんだ。

レイチェル・カーソン／上遠恵子（訳）『センス・オブ・ワンダー』（新潮社）も大学生の頃によく読んだ本。未完の遺作、として知られるこの本にはレイチェルが海岸や森をロジャーと探索した夏のことが書かれている。雨を吸い込んだ地面、煌めく星空、鳥の声、風の音。その情景が美しく書かれているだけでなく、自然にふれたロジャーの反応が豊かな表現で綴られている。私はこの本を読む時、詩を読んでいるような気持ちになる。この本がスイッチになって、ページをめくっている間は、自然の世界に飛んでいける。この美しさを、空想のものにしたくない。現実の世界も、ずっと、美しいままでいてほしいと思うのに、うまくいかないことばっかり。

私が今できることはなんだろう。どうしたら美しい世界で暮らしていくことができるんだろう。美しいものを美しいと、好きなものを好きだと、素直に受け取ることが必要なのかもしれない。六月の初め、立川の昭和記念公園の丘の上で受けた陽の光の気持ちよさ。代々木公園の木の下で寝転んだ時の風の音、草の匂い、人が歩く音、自転車の影。自分が美しいと思えるものをどれだけたくさん持つことができるか、それが世界を美しく見せてくれる。どれだけ祈っても汚いままのこの世界の、美しい側面をできるだけ多く知っていたい。

わかるよ、ゴミだと言いたくなるのも。理不尽で不平等で怒りたくなるよ。そんなことばっかりだよ。でも、ちゃんと顔を見て話そうよ。

学生の頃から絵を描いたり、文章を書くことの一番の原動力が怒りだった。

鬱病になって怒りを感じなくなってから、私はなにも作れなくなってしまった。何年も待っていたら、怒りは形を変えて、静かに、私の中にもう一度生まれた。最悪ばっかりの世界の中で、少しでも光を見つけたい。そしてその光を消そうとするものには正面から怒りをぶつけたい。その向く先を間違えないように、慎重に、鋭い、怒りを持ち続けよう。その怒りは、希望だから。

孤独、愛、文学、全部。

通っていた埼玉の中学校では、毎朝三〇分の読書時間があった。読書のために早く登校しなくてはいけないと思うとあまり乗り気ではなかったけど、集中して読む習慣がついたのはその時期だったかもしれない。当時、学校の図書館は勉強をする人が行く場所だと思ってしまっていて、勉強が苦手だった私はなかなか入ることができなかった。だから、教室に置かれた本棚からいつも同じ本ばかりを読んでいた。

自分の身体の中に孤独を感じるようになったのも、この時期だったと思う。カリフォルニアの日差しを全身に浴びながら、友達と公園に寄り道をしてスケートボードをしたり、地べたに座ってピザを食べたり、アイスクリームを買い食いしていた毎日から、制服を着て電車で通学をして、じっと椅子に座って勉強をする日々になった。日本に引っ越してきたのは冬だった。太陽の温もりがない冬なんて初めてだった。制服には憧れていた。給食も羨ましいと思っていた。それでも、どうしようもない孤独に襲われるようになっていった。

教室の本棚で一番読んだ本は、サン＝テグジュペリ／河野万里子（訳）『星の王子さま』（新潮社）だった。どんな経緯かはわからないけど、学校のハンコが押されたその本は、今も私の手元にある。「いちばんたいせつなことは、目に見えない」と書かれているけれど、じゃあ目に見えているこの世界は一体なんだろう。たいせつじゃない世界なんだろうか。私がまだ見られていない「いちばんたいせつなこと」ってなんだろう。多分、愛とかそういうものなんだろうけれど。

中高一貫校で勉強ができないまま高校二年生になった春、英語の先生にジョージ・オーウェル『一九八四年』の原著を渡された。ペーパーバック独特の匂いは一〇年経った今でも残っている。監視社会を描いたSF作品は読み返すほどに力を増してこちらに向かってくるような気がした。緻密で、怖くて、愛で、でもそれが本当の愛なのかどれだけ読んでもわからなくて、これが文章の力なのかと初めて知った。ずっと読み続けたい。読み返すたびにオーウェルの強さにやられたい。

夜中に友達から呼び出されて最寄駅の前から車に乗り込んだ。空と水の境がわからないほどの暗闇を四時間走って、千葉の犬吠埼についた。空を明るく滲ませながら昇る朝日を見ながら、みんなで風に吹かれていた。ずっとこの朝が続いてほしい、と思っていたけど、すぐに陽は昇り切ってしまった。陽が上るところを見ると喜びを感じる。陽が沈むと、少し寂しい。

『星の王子さま』の王子は一日に四四回も陽が沈むところを見ていたけど、どんなに寂しかったんだろう。王子は自分で星の上を移動して夕陽を見にいっていた。迎えにいってまで感じたかった寂しさは、どこから生まれたものだったんだろう。ひとりぼっちの寂しさが、王子に夕陽を見せていたのかもしれない。

二〇一九年の十二月ごろ、家から出られなくなった。会社に行かなければいけないと思いながら布団を剥がすこともできず、一日中天井を見ていた。社用携帯の電源は切れたままで、返さなきゃいけない連絡がどれだけ溜まっているのかもわからずに、時間だけが過ぎていった。聞いたことのない名前のウイルスが世間を騒がせていた。

部屋に閉じ籠ったままの私を置いて、あっという間にウイルスが日常のものになろうとしていた。外出は控えた方がいいらしい。外に出ないのは私だけじゃないみたいで、少し安心した。貯金がなくなっていく。今、口座にいくら残っているのかよくわからない。数字が上手く読めなくなってきた。書類を書けば傷病手当が出るみたいなんだけど、ペンを握る力がなかった。家の中でひとりぼっちで誰とも会いたくないけど寂しくて、この孤独をどうやって飼い慣らせばいいのかその時の私にはわからなくて、混乱していた。ベランダの窓に付けられたカーテンの長さを見ると、首をかけられる気がして、日が出ているうちに全部外して大家さんに預けた。工事の人が置いていった脚立を使って屋上に登ったら、月が綺麗だった。月を見た夜からは少し外に出られるような気がして、毎日散歩をしていた。当時住んでいた池袋のあたりから山手通りをまっすぐ東中野まで歩いて折り返した。毎日同じ道を歩いても飽きなくて、やることができて嬉しかった。

この頃、パンダになりたいと思っていた。どうしてかはわからないんだけど。安部公房『箱男』（新潮社）に出てくる男も、こんな気持ちだったのかもしれない。家の中でパンダの被り物をしていた。何かを被っていないとこの世界を生きていけない気がして、生身のままでは消えてしまいそうだった。

ベッドの中で動けなくなってから十ヶ月、仕事を再開したけれど無理に働いてしまった気もしている。会社のみんなの顔がマスクで半分隠れて、誰だかわからなくなってしまった。でも、ちょうど良かった。どうやって人と目を合わせて話していたかがわからなくなってしまって、言葉がうまく出てこなかった。五分の番組の編集が、一週間かかっても終わらなかった。パソコンの画面をじっと見ていることができなくて、会社の中を落ち着きなく歩き回っていた。気を遣って話しかけられていることに気がつかないふりをするのが辛かった。いつまで続くかもわからないひりつきに怯えながらマスクで表情を隠して過ごした。いつの間にか周りは私に慣れていったけど、私はずっと自分の振る舞いが合っているのかわからなくて落ち着かなかった。落ち着かないまま会社を辞めてしまった。逃げたような気持ちになって、全部どうでも良くなってしまった。

それでも、今しかないこの瞬間を生身で生きていく。オーウェルの文章に圧倒された日も、月が綺麗だった夜も、朝日が明るく滲んでた千葉の海辺も、もう通り過ぎてしまった。それでも私の身体は今を生き続けている。

目に見える、たいせつなもの。生身だから触れ合える、その身体の存在を確かめられること。

目に見えない、いちばんたいせつなもの。生身の温もりから受け取る愛。

太陽の暖かさを感じられないこの街でも、優しい温もりを好きになった。

夕陽が綺麗だと思いながら、同時に寂しかった。二八歳。

おわりに

日々の生活で忘れてしまいそうな、些細な出来事をどうしても覚えておきたい。学生時代にそんな気持ちで始めたブログが、文章を書くきっかけでした。匿名でブログを書き始めた当初の原動力は怒り。隣の人、世の中、自分、なにか漠然としたものにいつも怒りを感じていました。それをぶつけるように文章を書き続けました。二八歳になり、生きていくことに絶望することはなくなり、怒りが沸く瞬間も、ずっと少なくなりました。書き残したいものは怒りの中だけではなく、生活の中にも溢れていたと気が付いたのです。住む場所、食べるもの、一緒に過ごす人は歳を重ねるごとに変化していますが、目の前のことを取りこぼしたくないという気持ちはずっと変わりません。なんでもない日々を大切だと思いたい。不安や弱さ、孤独の中にもきらりと希望が光っていて欲しい。それを見つけるために生きているような気がしています。

本書に関わってくださったすべての皆様に感謝いたします。本書を編集してくださったよはく舎小林えみさんは、私を著者として世に送り出してくださいました。また、渋谷のラジオ「BOOK READING CLUB」で一緒にパーソナリティを務めている宮崎智之さん、スタッフ、リスナーの皆様。母や祖母、友人、先輩、そして本書には書き切れなかった多くの方との関わりが連続して、今日があります。本書に関わったすべての人とはつまり、あなたも含めた、人生ですれ違ったことのある人なのだと感じています。これから起こることも、なるべくたくさん覚えていられるように、書き続けていきます。

この本を手に取ったあなたの明日が、少しでも煌いて見えますように。

九階《きゅうかい》のオバケとラジオと文学《ぶんがく》

著　者　今井《いまい》　楓《かえで》

二〇二四年十月二五日　第一刷発行
二〇二四年十二月二五日　第二刷発行

発行所　よはく舎　東京都府中市片町二―二一―九

装画　中森かりん
装丁　小林えみ

JASRAC 出 2407965-401

printed in Japan ISBN 978-4-910327-20-4